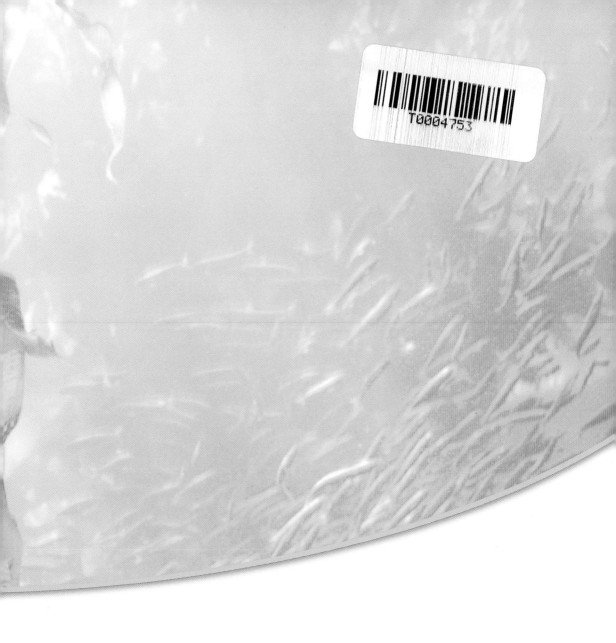

Los seres vivos
necesitan alimento.

Los seres vivos
necesitan agua.

Los seres vivos
necesitan aire.

Los seres vivos
necesitan **espacio**.

Los seres vivos
necesitan hogares.

Los seres vivos
necesitan **protección**.

Los seres vivos
necesitan otros
seres vivos.

¡Hagamos ciencia!

¿Qué necesitan los seres vivos?
¡Intenta esto!

Qué conseguir

- ❏ 2 flores en maceta
- ❏ 2 tazas de papel
- ❏ agua
- ❏ tierra

Qué hacer

1 Planta las flores en las tazas. Colócalas en un lugar soleado.

2 Riega una taza cada día. No riegues la otra taza.

3 Después de unos días, ¿qué ves? ¿Hay alguna diferencia entre las flores?

Glosario

espacio: un área vacía

protección: una cosa que mantiene algo seguro

Índice

¡Tu turno!

Observa algunas plantas. ¿Qué plantas tienen todo lo que necesitan? ¿Qué plantas no? ¿Cómo lo sabes?

Asesoras

Sally Creel, Ed.D.
Asesora de currículo

Leann Iacuone, M.A.T., NBCT, ATC
Riverside Unified School District

Jill Tobin
Semifinalista
Maestro del año de California
Burbank Unified School District

Créditos de publicación

Conni Medina, M.A.Ed., *Gerente editorial*
Lee Aucoin, *Directora creativa*
Diana Kenney, M.A.Ed., NBCT, *Editora principal*
Lynette Tanner, *Editora*
Lexa Hoang, *Diseñadora*
Hillary Dunlap, *Editora de fotografía*
Rachelle Cracchiolo, M.S.Ed., *Editora comercial*

Créditos de imágenes: págs.18–19 (ilustraciones)
Rusty Kinnunen; todas las demás imágenes cortesía de
Shutterstock.

2014008921

Teacher Created Materials
5301 Oceanus Drive
Huntington Beach, CA 92649-1030
http://www.tcmpub.com
ISBN 978-1-4258-4627-5
© 2017 Teacher Created Materials, Inc.